Sem o seu amor, eu seria mais triste do que um cachorro perdido / controlaria as lágrimas indo para o jogo de futebol / passaria mais tempo com minha coleção de selos.

Então, prometo a ela amor eterno e sem fim / aprender onde ficam as xícaras / tentar lembrar da nossa data de aniversário de namoro.

Assinado..................

Data....................

Conheça outros títulos da coleção

Muito obrigado! Pai Com carinho Casamento Vai, garota!

Publicado pela primeira vez em 2009 na Grã-Bretanha e nos Estados Unidos
por Helen Exley Giftbooks, com o título *My lovable lady*.

1ª edição 2015

ISBN: 978-1-84634-934-8

Publicado e distribuído com exclusividade por Brasil Franchising
CNPJ 07.923.034/0004-40 • Av. Sagitário, 138 • 25° andar • Alpha Square Mall
Torre London • Alphaville • Barueri/SP • CEP 06473-073
Tel (11)3706-1466 • Fax (11) 3706-1462
sac@helenexleylondon.com.br

Editado por Helen Exley
Textos de Stuart e Linda Macfarlane
Ilustrações de Caroline Gardner e Roger Greehough
Tradução de Carolina Caires Coelho

Helen Exley Giftbooks, 16 Chalk Hill
Watford, Herts WD19 4BG, UK
www.helenexleygiftbooks.com / www.helenexleylondon.com.br

Impresso na China / *Printed in China*

Pessoas divertidas...

A mulher dos meus sonhos

De Stuart &
Linda Macfarlane

HELEN EXLEY®
LONDON

Você é imperfeita.

Adoro suas pequenas imperfeições...

cada uma delas!

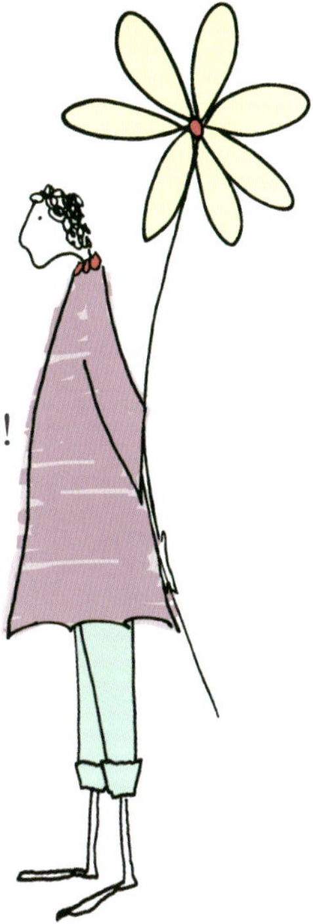

Suas piadas são sempre velhas,
com frases bobas e sem graça,
mas eu as escutaria o dia todo
só para ouvir sua voz.

Os presentes de aniversário
que você me dá
são sempre muito inúteis,
nada práticos
e perfeitamente maravilhosos.

Obrigado por ajudar

a decorar nosso apartamento.

Fazer isso com você foi muito especial

– apesar de você ter colado

o papel de parede torto

e ter enchido a televisão de tinta.

Você demonstra seu amor
de muitas maneiras...
Uma xícara grande de chá.
Flores sem que eu esteja esperando.
Beijos roubados.
Elogios sem justificativa.
Sendo quem você é.

Quando você teve um dia ruim.
Quando as lágrimas borram
seu rímel.
Quando uma espinha enorme aparece
em seu nariz.
Quando você usa suas
"roupas confortáveis".
São os momentos em que
mais amo você.

Seis horas escolhendo uma roupa.
Uma hora tomando banho.
Duas horas arrumando os cabelos.
Uma hora passando maquiagem.
É a noite em que minha linda
namorada vai sair!

Ela vai às lojas chiques
e compra coisas caras.
E, em especial, todos os chapéus.
É claro
que ela não vai usá-los –
porque não quer desfazer
seu penteado.

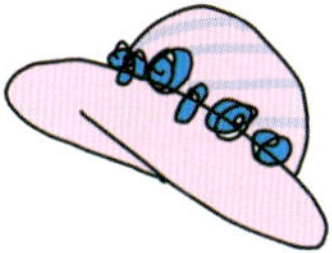

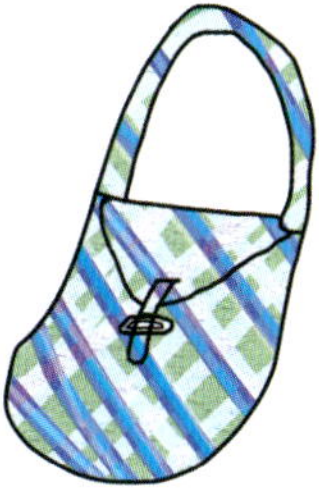

Minha namorada linda
não “compra até cansar”.
Não! Ela para
assim que as sacolas ficam
pesadas demais
para eu carregar.

Problema:

Minha linda mulher
consegue me tirar de qualquer situação
esquisita – bem, pelo menos daquelas
nas quais ela me enfia.

Penso nela
assim que acordo.
O que faremos hoje?
Aonde iremos?
Vou à falência hoje?

Silêncio:

Um período em que
minha mulher mais especial
não conversa com ninguém –
medido em milésimos de segundo.

Quando digo que estou pronto para sair, quero dizer que estou pronto para sair.

Quando minha mulher diz que está pronta para sair, ela quer dizer que estará pronta assim que tomar seu banho de espuma, encontrar seus brincos e tomar mais uma xícara de chá...

Dia preguiçoso:

Ovo com gema mole, chá frio,
espera, mas quem se importa,
já que o café da manhã
está sendo servido na cama de novo?
E há a promessa de um carinho
e de ficar lendo na cama...

Muito amor!

Ela tem a paciência de uma santa,
a força de um exército
e toda a minha
coleção de CDs.

Amar é... deixar o

controle remoto com ela.

Um dia comum:

Minha mulher e eu podemos
passar o dia sem fazer nada
e falar muito pouco
– e esses podem ser
os melhores momentos de todos.

Minha linda mulher
é a cola que mantém
meu mundo inteiro.
Ela faria qualquer coisa,
ousaria qualquer coisa,
só para me deixar forte,
para estar ao meu lado.

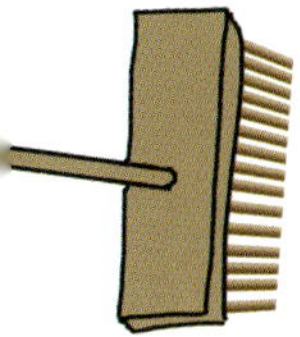

Na sociedade politicamente correta
de hoje, é inaceitável dizer
que minha ajudante especial
é uma dona de casa.
Não. Ela é nada menos que
a Deusa Máxima
e Suprema do Charme e da Graça.

Ela não fuma, não bebe e não fala palavrão.

Só tem um hábito ruim:

– Eu!

Quando estou sujo de graxa.
Quando estou com a barba por fazer.
Quando meu cabelo está despenteado e sujo.
É quando ela me abraça
e me dá mais carinho.

Ela acha que sou perfeito
– então...
Para que contrariá-la e mostrar
que está errada?

Ela não tenta me alegrar
com palavras engraçadas.
Apenas segura minha mão
e atravessa comigo
os momentos difíceis.

Sempre disposta a me agradar,
minha cozinheira gourmet
fez um curso de culinária de um mês.
Agora, ela consegue queimar o
"filé mignon
à parmegiana".

Se ela tivesse que escolher
entre fazer compras
sem mim
ou passar uma tarde comigo,
ela escolheria ficar comigo...
Mas sei que estaria pensando
no vestidinho preto
que ficou para trás.

Ela é ótima em tomar grandes decisões,

como qual casa ou carro comprar,

mas quando precisa

comprar sapatos

para combinar com uma roupa

– Cara! Ela demora.

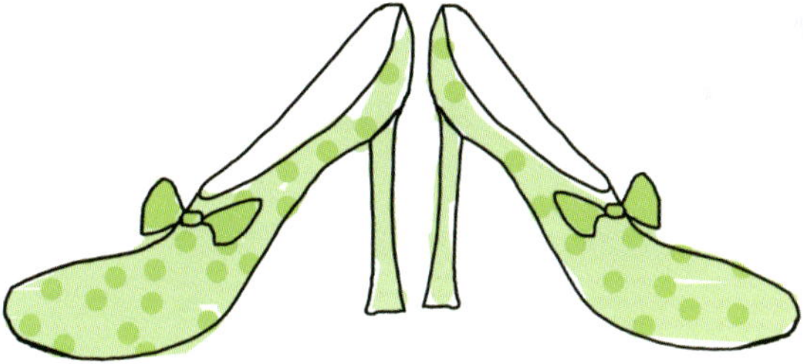

Tolinha

Para uma mulher,
um mapa é algo
que transforma o “estou perdida”
em “estou completamente perdida
e confusa”.

Quando minha linda está estressada...

ela vai ao shopping

para se divertir com umas comprinhas.

Quando está se sentindo calma...

vai ao shopping

se divertir com umas comprinhas.

Minha mulher-maravilha
tem medo de trovões
e raios.
Ela lida com isso
de um modo muito maduro
– ela se esconde embaixo da cama.

Nunca me esqueço
do aniversário de minha mulher
– suas mensagens de texto
e seus e-mails
são um bom lembrete.

Minha deusa doméstica
está sempre ocupada limpando, lavando,
passando e costurando.
Felizmente, ela ainda não percebeu
que se estivesse livre de mim
poderia estar lendo livros
e bebendo cappuccino...

Uma sala cheia,
rostos anônimos, desconhecidos.
Uma única palavra,
um sorriso,
uma alma gêmea.

Ela:

eu a vejo sorrir,
ouço sua voz e sei
que sou abençoado.

Ela é a razão
pela qual eu acordo de manhã,
minha razão para respirar,
minha razão para viver.

Açúcar, pimenta e bolo de chocolate –

é disso que minha mulher é feita.

Adoração: amar tanto alguém que você

vê os defeitos como obras de arte.

Não sou forte.

Ela não é forte.

Mas juntos

formamos a força

mais poderosa do universo.

Helen Exley é uma editora que publica e vende *giftbooks* em mais de 70 países. Seus livros falam sobre muitos fatos e emoções da vida. Os lindos cartões de "duendes" de Caroline Gardner deram a inspiração de que Helen precisava para seguir com sua ideia, e a partir daí esta série de livros estilosos cresceu rapidamente: *Com carinho*, *Vai, garota!*, *Irmã* e *Casamento*.

Desde 1993, Caroline Gardner Publishing produz lindos artigos de papelaria que decoram muitos escritórios com vista para o rio Tâmisa e, nos últimos anos, tem feito muito sucesso com a série "duendes".

Há também muitas ilustrações do artista Roger Greenhough, criadas especialmente para esta coleção.

Stuart e Linda Macfarlane moram em Glasgow, Escócia. Eles têm produzido vários livros para Helen Exley, incluindo *O homem da minha vida*.

O amor não vem
embrulhado para presente.
O amor é encontrado
em lugares comuns, por pessoas comuns,
em vidas comuns.
Mas o amor é o que existe de mais especial.
Não tem preço.